# 남기고 싶은 말

서주열 4시집

도서출판 청옥문학사

# 남기고 싶은 말

한 해가 저물어 가던 날
심상心想의 영화를 보았는데

보일 듯이 그려져 가는 심상心想들
알맞은 계절에 사연들이 넘실거린다

어느 누군들 가슴 아픈 사연
없지 않을 사람 있을까 만은
마음을 열지 않으면 알 수 없는 것

지금까지의 소중한 말들을
재산으로 남겨주고 싶어진 마음이
이렇게 가슴에 울컥 와 닿는데

이제는 시詩속의 주인공처럼
눈물 없이 읽을 수 없는 연시戀詩를
당신가슴에 남기고 싶다.

시집 작품 중에서

## 시인의 말

한 해의 봄이 저물어 가다보니 지나온 세월에 남겨진 사연들이 넘실거린다. 눈 속에서도 피어나는 매화를 보고서 억척이 꽃이라고 했었고 한여름 장마와 불볕더위 속에서 피어내는 나리꽃을 보고서 인내의 결실이라 했는데 산등성이의 바위 틈새에 끼워져 지나가는 가을을 쓸쓸히 바라보는 구철초를 보면은 가슴 애잔해 진다.

지금은 한 해의 중심기 그동안 버릴 것과 챙길 것을 다시금 생각 해 보는 그런 계절이다.

춘삼월 꽃이 피면 정든 임이 그립고 구시월 단풍들면 우리임이 보고 싶다는데 몸 따로 마음 따로 이다보니 이 일을 어찌 감당하랴! 그래서 춘삼월이 오면 자꾸만 정든 임이 그리웠고 구시월 단풍들면 우리임이 보고 싶을 수밖에 없었다.

그래서 시인은 하고픈 말을 다 못하고 남겨서 시로 대신 하고 싶은 말들이 수 없이 많은 것이다.

항상 생각하면 울컥 해지는 것은 지금까지의 소중한 마음을 글로 남겨주고 싶어서 시속의 주인공처럼 아름다움이 넘치는 이 시들을 세상에 남기고 싶어서다.

2013년 5월 23일
만덕 서주열 서재에서

## 차례

### 제 1 부 자연의 원리

## 제 2 부 봄밤

## 제 3 부 가을바람

## 제 4 부 밤산

## 제 5 부 그럴 줄 알았다

# 제 1 부

# 자연의 원리

# 봄날

냇가에서 버들피리 꺾어 불면
누이는 보리밭에 귀 귀울이고
날아오는 종달새소리 엿 듣는데

산골짝에서 뻐꾸기소리 내려오면
봄이 아스라이 젖어들어
개울로 안개가 흘러내린다

오솔길 돌아오는 봄바람으로
연지 찍고 곤지를 발라서
수줍은 처녀 되어 산들산들
꽃 따라 찾아온 봄

누이가 깜빡 졸아대면
하늘에서 노래하는 종달새가
살랑살랑 발자국 보듬고
가슴 저미며 빙그레 웃으며 온다.

# 한 여인

봄바람 불어주는 춘삼월
밤비 내리던 봄밤에
강물이 흐르는 언덕위로
연초록 우산 받쳐 들고
마중 나온 그 사람

살랑살랑 뒤돌아와 잡히는 손에
뜨거운 선혈이 흘러 다닐 때
울렁이는 참 마음을 들여다 보니
가슴은 방망이질 처대어서
심장이 너울처럼 번지고 있다

반가움에 가슴을 비벼대니
양 볼이 홍안으로 물을 들일 때
왔느냐는 말을 하지도 못하고
콩닥거리는 두 가슴에서는
자꾸만 지네들도 인사를 해 댄다

세상은 쥐죽은 듯 조용해지고
사방은 적막으로 둘러쳐 있는데
가슴으로 받은 인사였기에
두 팔로 몸 인사를 하려는데
강물이 자꾸만 뒤 돌아 본다.

# 백두산 천지를 보면

언제나 자주 볼 수 있어서
아무 때나 들리면 얼마나 좋을까
저 높고 푸른 백두산 천지를

보는 마음 절로 경건함이 느껴지는 곳
우리민족의 영산인 백두산을
어찌 다 말로 표현 할 수 있으랴

수목 한계선을 넘어 힘겹게 올라
백두산 화구의 천지를 가려면 왜
중국의 서파와 북파를 거쳐야 하는가

약소민족 그것도 분단된 상태에서 북한이
백두산을 반 토막 내어 한국전쟁 비용으로
중국에 바쳤다니 통탄할 일 아니던가

안타까움을 천추에  남겼으나
사실을 아는지 모르는지 백두산 장군봉은
십오 봉우리 대리고 천지를 호위만 하고 있구나

훗날 한반도가 통일이 되고
만주벌과 다시 재통일 되고나면
고조선처럼 넓은 지도를 그리려는데

장군봉은 맑은 천지 푸른 하늘을
오늘도 내일도 삼자가* 통일 될 그때까지
맡은 책무는 엄청나게 막중할 것이다.

*남한. 북한. 만주벌판

# 범어사 오동나무꽃

오월이 올 때 마다
범어사 하늘에
오동나무 꽃이 핀다

더 높게
더 넓게 보내려고
하늘로 치솟아
은은한 향 뿜어 보내는
우아한 자태

넓은 잎사귀로
그늘 가리기 전
보라색 타박이로 피어서

범어사 경내에
고고한 향을 적시는
오동나무의 은은한
보라색 타박이 꽃.

# 대나무 숲

등 넓은 언덕을
내려오는 대숲들이
돌계단을 하나씩 밟으면
대나무들이 마을을 덮는다

햇살을 흠뻑 받아서
영롱한 빛깔이 된 대숲이
물푸레 질 할 때마다
솨와 솨 솨와 솨 대나무들은
그렇게 바람으로 운다

대숲이 품고 있는 마디마디는
빈 가슴 깊은 품속에서
지난이야기를 들려주는데

신선함을 위해서라면
속마음까지 밤낮으로 펴 내어줄
대나무들의 통 가슴들.

# 만덕의 해바라기

추적추적 비 내리는 늦가을
석불사* 가는 길가에 해바라기가
누구의 텃밭인지 모르지만
처량하게 비를 맞고 서있다

지난날 태양이 이글거릴 때도
밤낮으로 장마가 몰아 친 뒤에도
해 뜨면 서로 마주치던 눈망울들
그런 좋은 시절이 있었었는데

지금은 화장도 지워버리고
시커먼 얼굴은 주인 없는 연장처럼
비를 맞고 멍하니 서 있어야하니
시절의 무상함을 알게 해 준다

해바라기는 세상이 다 그런 줄을 아는지
지난 호시절 벌 나비들이 줄줄이 찾아와
고개박고 놀다가고 생각나면 다시 오고했는데
지금은 단절된 소식으로 그의 모습 그려본다

지난날 해바라기라는 이름 때문에
밤마다 산짐승 무서움에 잠 못 이루고
가는 길손 애잔스러워 보고 갔건만
그래도 태양을 모시던 해바라기였다.

*부산 북구 만덕동에 있는 사찰

# 자연의 원리

꽃이
윙크 한다

나는
예쁜 거라고

나비들도
저를 보라한다

이 꽃
저 꽃
날고 있다고

자라나는 초승달이
눈웃음 흘린다.

# 세계4대 미항

엑스포가 열리는 섬진강 하류
전라도의 동남쪽 아름다운 항구
지난날 삼도수군 전라좌수영이던 여수

날씨는 칠월의 장마에 행사가 열려
온 종일 비가 주룩주룩 퍼부어 내리는데
마음은 자꾸만 여수엑스포로 달리고 있다

일행은 1호차와 2호차로 나누고 있는데
2호차에 몸을 싣고 달려서 찾아온 곳
세계4대 미항 바로 이곳이 여수항이구나

세계는 삼대미항이 있다고 사람들은 말한다
유럽의 나포리 호주의 시드니 남미의 부에노스아이레스
이젠 아시아에 처음으로 태어난 세계4대 미항 여수

그래서 말한다 우리들의 땅에서 우리들이 발견한
세계4대 미항을 인류에 선사하고 있는 여수엑스포를.

# Breaking up option
## 잘못 된 선택

꿈속에서도 찾던 사람이라서
한없이 그리는 젊은 사랑이기에
천년을 살아갈 작정이었다

찔레꽃이 하늘거리는 날
푸른 오월의 하늘하래서
설레던 가슴으로 당신을 품었고
천하를 거머쥐는 장부가 되었다

생명이 있는 날까지
죽도록 사랑하리라 했건만
한순간 어쩌다 우리 사이에
등 돌려버릴 줄이야

유월의 밤에 떨어져
이슬 맞은 비린 밤꽃이 되고
장마철 비 맞은 암탉처럼
젖어있는 얼굴을 들여다보면
심술이 주렁주렁 매달린 당신

어쩌면 혹시나 그래도
다시 또 볼 수 있을 것 같아
내가 나를 던져버리고 싶다.

# 동양란을 보고서

어느 날 거실에 들여놓은 동양란東洋蘭
일 년 내내 베란다 구석에 있다가
노란 꽃 대궁 매달면 거실로 온다

백자에 담겨져 소리 소문 없이
그곳에서 지내다가 거실로 들어와서
꽃잎 꽃술로 노란 세상을 내보인다

너희들을 보는 시간이 대낮 인대도
꽃잎에 매달린 이슬방울을 보면
구중궁궐에 가둬져 있어도 본연의 임무는
망각하지 않는 궁녀들처럼 성실함을 본다

거실에 손님처럼 모셔진 공간이지만
이슬이 아닌 꿀물을 매달아 놓고서
꿀물을 눈물로 대신하는 안타까움에
임을 그리는 너희들을 보고나니
지은 군주君主의 죄목罪目을 이제야 알겠구나.

# 수 련

수련이 피는 칠월은
진흙의 신비를 들여다본다

눈뜨면 가슴열고
그윽한 수련향을
진 흙에서 꺼내어 놓는지

황홀한 취향은
전율로 온 몸이 되고
전 생애이기도 하다

아침이면 얼굴보이고
저녁에 치마폭 여닫는
아낙 같은 수련은
아름다움을 펴주고 가는 꽃.

# 성지곡 비둘기

어느 날 성지곡에서
비둘기에게 아이들이
던져주는 팝콘

장난 결에 주는 먹이를
잽싼 멥새가 덥석 물고
쏜살같이 달린다

만만하게 보다가
한방 당한 비둘기
깜짝 놀라 황당한 눈빛

일상에 필요한건
잘난 덩치보다도
기발한 순발력이다.

# 엄마

중년이 훌쩍한 나이에도
엄마라고 한번쯤 불러본다

어리던 시절 학교를 다녀와서
책 보따리 풀기도 전에
엄마가 눈에 보이지 않으면
텅 비워진 집에 밀려드는 당혹감들

그곳에는 당신이 꼭 있어야 하는
당연한 존재가 엄마였다

덧씌워진 멍에는
근엄한 어머니이기 때문에
지금은 촉촉한 엄마를
잃어버린 시대

지난날 언제라도 촉촉했던
우리엄마 상산 김동임 여사.

# 자전거

자전거로 출퇴근을 한다
자출사*라는 유행어를 만든다

꽉 막힌 도로에서 보란 듯이
살살 살 빠져 나가는 여유로움이
요새말로 정말 굿이다

주말이면 온천천에서
수영강변으로 공기를 가르며
달리는 속도감에 코끝이 벌렁거린다

굽이치는 온천천을 따라 달리다 보면
넘어다 보이는 수영강 풍경이 장관인데
해가 바다에서 솟아오르는 풍광에 감탄하며
봄이면 만개한 벚꽃으로 꽃 보라 속을 달린다

지금도 자전거를 타는 가슴에는
에너지 절약에 마음 솔깃해지며
건강까지 덤으로 챙길 수 있음이다

지난날 육십 년대의 등하교 하던 때
보리밭을 가로질러 자전거로 달리던
추억의 신작로 그 시절이다.

*자전거로 출근하는 사원

# 홍매

봄이면 홍매화에
푹 빠지는 이유는
언제 봐도 예뻐서란다

예쁜 꽃 피면은
보고 싶은 건
자꾸만 그리워서란다

지난 날 모란꽃을 그처럼
좋아하다가 이제는
홍매화에 홀려버렸다

고개 들고 서있는 자태가
너무나도 화려해서
나를 다시 돌아보게 하는
아름다운 홍매화.

# 상사화

오실임을 그리면서
올해도 피어보건만
그래도 소용없어라

꽃대를 새우려고
그리 빨리 달려와도
지고 나야 푸른 임 오시니
아무 소용없어라

상사화에 임 오질 않고
상사초에 그대 없음은
임오기전 그대 가고
그대 오기 전 임 떠남이구나

평생을 마주할 수 없음은
가슴에 언제나 상사가 되어
한 생을 한으로 살면서

꽃 무릎으로 살아가고 있어도
항상 엇 비켜가고 마는 사랑
상사화초의 운명이여.

# 제 2 부

# 봄밤

# 봄이 오면

봄비에 가슴 젖어 살랑거리면
강변의 제비꽃은 지난날이 그리울 건데
푸른 들판이 자꾸만 손짓을 해대어
그날의 풍광이 눈에서 아롱거립니다

지나버린 일들을 어이해야 할까 만은
아무리 생각을 해봐도 꿈같은 그날들
대책 없는 당신 때문에 세월만 갑니다

지금도 당신이 그리워지기만 한데
오지 말라 해놓고 기다리는 것은
한 번이라도 다른 생각 하지 말라 것

그래도 행여나 자꾸만
잊지 못할 생각이 나기만 한데
삼단머리 봄바람에 날리던 모습
지금도 보고 싶어 죽을 지경이오.

# 봄밤

늦은 밤까지 폭풍우를 대리고
그렇게도 앙살을 부리던 봄밤
무슨 사연이 그리도 많았던 걸까

사월의 앙살은 이러는 것 아닌데
한이 매친 엄청난 몸부림을 쳐 대는
한판의 거대한 드라마를 연출하였다

성질을 일으키면 지내들도 그러는 구나
밤새워 한 번쯤 그런 생각을 해 보다가
문득 사랑하던 여인을 떠 올려 본다

어제 밤 그처럼 몰아치던 봄비가
만약에 사랑하던 그 여인 이였더라면
지금 나는 어찌 되어 있을까

많은 생각을 아무리 해보고 있어도
어제 밤 보던 그 앙살은 값질 수 없는 것
사람도 자연도 한번쯤 그럴 것이라고 하지만

모든 것은 순리에 적응을 해 줘야 하듯이
멋진 품위를 간직할 수 있는 것은
자연이나 사랑을 다룰 수 있는 기술이다.

2012. 5. 21

# 착한 복지사

휴일인데도 온 종일
장애인들의 손발이 되어주고 있다

언제부터이던가
혼자 사는 할아버지에게
목욕을 시켜드리고 있다

항상 사회에 공헌 한다는
눈부신 자부심이 오늘도
복지활동을 하게 만든다

함께하는 어려움을
서로가 기쁨으로 나눌 때
더불어 살아가는 사회가 오는데

상생의 공동체는 언제나
구현을 위해 정성을 쏟다보면
그 사회는 진정성 있는 선진화이다.

# 추억

아른거리는
지난날을 생각하면
흥청망청 쏟아버린
아까운 세월들이다

그래도 늘
생각하는 그날들이
흑백으로 떠올라
가슴에 담겨지는데

발자국으로 오던
그날의 추억들은 차근차근
가슴에 쌓여만 간다.

# 만덕사람들

오순도순 모여 사는 만덕 동네를
터널을 지나는 차들이 보고 갑니다

숲속에 살고 있어 부러워서인지
덕 많은 사람들이 살고 있어 그러는지요

아침에도 들리고 저녁에도 들리고
밤중에도 우리 동네 보고 갑니다

상계봉이 아버지처럼 등 받쳐주고
백양산이 어머니처럼 품어주는 곳

만덕에서 나고 자란 사람들이
만덕에서 살고 있는 사람들이

은행나무 심어놓고 기다리는 가을에
낮이면 햇빛으로 곱게 치장을 하고

밤이면 실바람 살랑살랑 찾아와
은행잎 축제 언제냐고 묻는답니다

만덕은 은행나무로 이뤄진 숲속마을
그러 길래 성대하게 잔치 치르는 곳

은행잎 보는 사람들 은행 복 받으라고
지금도 한잎 두잎 실바람에 날리는데

은행잎 대 축제가 만덕에서 열리면
웃음 짓는 낙동강도 보다 갑니다.

# 가을밤

가을밤 바라보는
당신의 얼굴

눈앞에서 살랑살랑
맴돌아 가다

여리는
내 가슴으로

가을과 함께
포옥
안겨지는 당신.

# 되찾을 마을

어느 아파트에 사느냐고
사람들은 자주 묻는다

애들은 층수를 묻고
어른들은 평수를 묻는데
부류끼리 잘도 어울린다

삭막한 요즘의 도시는
콘크리트와 아스팔트가
지배해 버린 회백색 지대

이래서는 안 된다고 이웃끼리
말을 맞추어 가다 보면
마을이름도 되찾고 푸름도 욱어진다

묻는 이의 정겨운 말을
다시 되찾을 지혜가 필요한 지금
아파트가 아닌 어느 마을에 사느냐다.

# 영영이별

당신을 보면 할 말이 있었습니다
하고 싶은 말들이 많았습니다
당신에게 꼭 해야 할 말들이
산처럼 그렇게 쌓였습니다

무슨 말을 먼저 해야 할지 모르겠지만
그중에서도 당신을 사랑한다는 말을
온 종일 하고 싶었습니다

백년을 그리 하드래도
천년을 그리워 하드래도
당신을 사랑해야만 한다는 말을
꼭 전하고 싶었습니다

그러나 사랑한다는 말을 못하고
동그라미 두 개를 그려봤습니다
그리고 별도 두 개를 그려놓고 보니
왜 이리 가슴이 메워집니까

이일을 어찌해야 할까요
동그라미는 그대로 놔두고
두 별만 지워버린다면
내 마음이 풀려질까요

아예 이참에 생명이 있는 날까지
죽도록 당신을 사랑해버린다고
그렇게 말해버리고 말까요.

# 간병사

병실 침대에
날마다 매달리는 간병사

온 종일 휴식 없는 그림자에
시작부터 끝날 때 까지
환자 따라다니는 해바라기가 된다

갈수록 포개지는 정은
등 두들기며 마음 달래주고
걸음마 되어주는 정성은
평생을 같이 살던 사람 같은데

남자 환자에 여 간병사
보이는 각도에 그려지는 눈 그림이
한 폭의 인물화로
병실을 꽃피워 낸다.

# 남기고 싶은 말

한 해가 저물어 가던 날
심상心想의 영화를 보았는데

보일 듯이 그려져 가는 심상心想들
알맞은 계절에 사연들이 넘실거린다

어느 누군들 가슴 아픈 사연
없지 않을 사람 있을까 만은
마음을 열지 않으면 알 수 없는 것

지금까지의 소중한 글을
재산으로 남겨주고 싶어진 마음이
이렇게 가슴에 울컥 와 닿는데

이제는 시詩속의 주인공처럼
눈물 없이 읽을 수 없는 연시戀詩를
당신에게 남기고 싶다.

# 광한루에서

흘러가는 세월의 광한루에서
뒤척이는 숲속은 요동을 치고
흔들리는 형상에서 춘향은 살아난다.

앙가슴은 못 이룬 정 품어내어
오늘도 방망이질 쳐대는데
보일 듯 들릴 듯 춘향이가
이몽룡을 애 태우던 남원고을

하늘에 하얀 뭉게구름 뜨고
퍼렇게 물들이는 광한루 앞마당에
오작교 잉어들이 부지런히
전해주는 춘향소식들

오월에 월매 집 찾은 이 도령
단심전* 들러 보면 전라도 남원 골에
대판으로 큰 야단 터지겠다.

*춘향 영정

# 여행

사람들은 너도나도
여행을 즐긴다

낯선 얼굴들마다
색다른 풍경 속에서
이질적인 문화와 풍습이
익숙지 못함은 자꾸만
웃음으로 넘기려 한다

이럴 땐 어쩌면
당혹감을 주기도 하지만
체험은 살아가는데 거름이 되고
생각의 폭을 높이어 보는 안목을
두루두루 넓힌다

체험과 즐거움은 그래서
우리들의 일상생활에 필요해서
소중히 간직할 자산이다.

# 휘파람새

아침 일찍 조잘대는 새소리가
늦잠을 훔치는데도 바닷길은
맑은 공기로 청아한데

바닷가 산자락에서
가는 길 붙잡는 녀석들이
봄 숲속에서 휘파람소리로
짝을 모셔내는 비법을 보면은
참으로 사랑의 애절함이 구구절절 하다

그러다 황홀한 순간이 흐르고 나면
언제 누가 그랬냐고 하듯이
시치미 때고 휘파람소리 아닌
짹짹거리기만 하는 걸 보면
사랑의 신비함을 알게 해주는데

좀처럼 얼굴을 내밀지 않는
앙큼한 그 녀석들이지만
언제나 속내를 드러내지 않는 것은
신비감인지 수줍음인지 알 수가 없다

어쩌면 지난날 해 놓은 약속을
휘파람으로 그 사람을 불러내고 있으면
창구멍으로 눈만 빠꼼이 내놓고
알았다고 하던 그때 그 사람 같다.

# 호박꽃

조용하게 살려고
꽃 몽우리에 묻어버린
근심 걱정들

평화의 꿈
사랑이 담긴 꿀을
가득 싣고서

사방 천지로
배송 나가는
호박꽃 줄기

갈수록 평온이 좋아
어디를 가든 항상
마음 편해서 노랗게 산다.

# 할미꽃

봄 오면 언제나
산자락 잔디밭에 피는
봄 할미꽃

겨울 내내
허리 굽으셨기에
봄이 와도 항상
고개 숙이며 양지만 찾는다

손주 녀석들 재롱에
검붉은 얼굴로
항상 힘들었던
봄 할머니

날마다 고개 들고
굽은 가슴 펴시게
올해는 선크림을
사다드리고 싶다.

# 태백산 고사목

태산에 누어 달과 별을 보는 고사목
봄바람이 들렀다 가고나면
땡볕찜질을 해대는 여름이고
가을은 찾아와 천년을 참으라 한다

찾아온 백설은 벗이라면서
어쩌던지 건강 챙기라며
하얀 이불 펴주고 간다

해미다 봄비로 행구고
가을바람에 빗질 해 대어도
백골은 그렇게 남아서
삭신이 전날 같지가 않다

그날이 언제던가 천 년 전 주목이
고사목이라고 불렀었는데
이제는 자리 비켜야 하는 고사목.

# 제 3 부

# 가을바람

# 민들레

항상 붐비는 육교아래
깨어진 보도 불럭 틈새에서
봄 오면 보도블록 깔고 앉자
그를 기다리는 민들레 꽃

가랑비가 볼을 헹구어도
바람이 가자고 등 떠밀어도
일편단심 바라만 보는 육교

아침부터 시리도록
눈 붉혀서 기다려도
그 이는 오지를 않는데

오늘도 기다리다 마냥
하얗게 야위어가는
슬픈 민들레의 가슴.

# 불나비

밤꽃이 피면
불을 찾는
유월의 나비

밤마다 지센 봄을
보내고 나서
전신을 다 녹인다

밤꽃 찾아와
만리장성 쌓아보자는
하룻밤 세월

지새는 줄 모르는
유월의 밤에
불나비만 훨훨 탄다.

# 가을바람

바람이 밀어 올리는
코스모스 핀 언덕길

하양을 보다가
분홍을 보다가
자주색 예뻐서 알리는 바람

그러다 가슴에 숨이 차면
훨훨 날아 순찰을 돌아보는
천석만석의 황금들판

검붉은 농부 만나면
볼 어루만져주는 손길은
천사 같은 존재다

그 사람 올 때 까지
바람아 가을아
천천히 가자.

# 대나무

고양이가 졸고 있는 봄날
죽순이 중대 결심 했는지
질끈 맨 철갑을 쓰고
파란하늘로 솟아오른다

민들레가슴 하얗게 타들어가는 날
죽순은 철갑을 벗어던지고
비취색 알몸으로 흘러내려
순결을 자랑하려고 하는
다리 긴 대나무들

긴긴 봄 푸른 마디마디에
비워둔 통 가슴속에는
무엇을 채우려하는지

오늘도 기다리는 여유가
한없이 너무나도 부러운데
봄날은 가고 있다.

# 좋은 일이

문득 하늘을 본다

어-

빨
주
노
초
파
남
보

걸려있는 동녘하늘

오늘은 아침부터
상쾌한 일이

쌍무지개 뛰는 가슴.

# 십일월은

십일월은 자꾸만 외로움이 밀려와
이사 갈 날 잡아놓은 마음처럼 허전해져
낙엽을 밟은 발걸음이 추억을 불러 모은다

가을벌판은 텅 빈 가슴 같아서
빨간 양철집 순영이가 시집가던 날처럼
처마 밑 빈 제비집이 더욱 쓸쓸해진다

늦가을은 지금까지 지나온 여정을
다시 돌아보게 해 주고 있는데도
시절은 자꾸만 기다리려고 하지 않은데

십일월은 가는 사람 붙잡아보듯이
산에서는 날로 헐렁해져서 어설퍼지고
앞뜰엔 초가을 생각을 하면
십일월을 보내기 싫은 마음이다.

# 어디냐

고향 친구들이 오랜만에
쌍쌍으로 모이던 곗날
저녁상 차린 경칩 날 밤에
벌어진 개구리 이야기들

부인들은 따로따로 주고받는
자잘한 남편들의 일상사들로
밤 이슥하도록 지난 날로 돌아간다

그때 한 친구가 갑자기
자기 딸에게 전화를 건다
대학교에 입학한 녀석이
동아리 선배들과 어울려 있나보다

그의 딸 아버지 손 전화에
기발한 아이디어가 눈에 띄는데
자막 판에 발신자의 '어디냐 딸아'

# 허브

라틴어로 우리에게 찾아온
정든 녹색 풀

로즈마리
라벤더
스테비아
골든 레몬타임

항상 인간에게 이로운 선물로
향기를 듬뿍 주고 있다

지난날엔 종교의식에 쓰였고
약제로도 인간을 도왔던 신성한 식물

지금은 화분에 담겨져
베란다와 거실에서
장식용으로 살아가는
고마운 우리 집 허브.

# 성지곡 휴게소

백양산에 박혀있는 심장
달려오는 파란호수가
햇빛에 일렁거려서
눈 속에 쏙 들어온다

인적 지난 저녁이면
호숫가 둘레 길에 지네들 끼리
다람쥐들 축제 하는 곳

소나무가 손 내미는 호수에는
줄다리기로 물푸레 질 해대고
파도 탈줄 모르는 백조들이
한가로운 세월인데

오늘도 볼우물 파놓고
부태령 넘는 등산객들 불러들이는
삼거리 휴게소의 젊은 여인.

# 엑스포한국관

비 맞은 인산인해 엑스포 한국관
무엇이 있고 볼거리가 그리도 많은지
장마철 비 맞은 닭들처럼 서있다

십오 분에 오 미터씩 전진하는 천리 길
구름처럼 밀려있는 수많은 사람들
거기에 예약자들이 더 많이 몰린다

두 시간이 넘어서야 당당하게 들어선 한국관
이백 명씩 들어서는 실내는 콩나물시루가 되고
앞면과 양면에는 다락 논에서 농사짓는 법을
알리려고 위대한 한국관을 지었다

제2관에 들어서니 돔구장이 밤하늘 같은데
별 뜬 하늘에서 괴성이 들리고 날짐승이 나는데
아픈 다리 양탄자에 드러눕는 남녀노소

하늘이 돌고 땅이 꺼지고 사람이 빙빙 도니
잘 지었다 고생했다 돈 들었겠다 하는데도
어찌하여 보이지 않는가 대한민국관*은.

*국호를 바르게 쓰자,

# 슬픔

소슬 찬
산들바람에

깊어지는
가을밤

돌담속의 귀뚜라미
처량한 목소리에
마음 슬퍼지는데

스무사흘
배고픈 달이
가슴 적신다.

# 옹기

숨 쉬는 옹기는
종지와 뚝배기 항아리이다

반찬을 담그고
된장도 담그고
간장을 담그는 그런 그릇이다

질그릇과 오지를 음미하여
흙과 물이 살을 섞어서
장인의 손길로 탄생을 하는데

천도의 뱃속에서 트림 하며
숙성의 기능을 부여받더니
세상에 태어날 때부터
생명이 살아 숨 쉬는 너는

우리민족의 상징인
저장용 질그릇.

# 왜 그랬을까

생각하니 꿈 이었네
잊으려니 아픔 이었네

왜 그랬을까
돌아서다 못 들었을까

그 때 그 사람이
참말이라고 하였었는데.

# 보주태후

아득히 먼먼 날
인도양 뱃길 열리던 날

녹산 바다에
붉은 돛 붉은 깃발 날리며
가락 찾는 인도 공주

김해 벌 산자락에
장막으로 치장을 하고
기다리는 수로에게
파라다이* 벗어
처녀 정분 넘긴다

48년 7월 27일
42년생 수로왕과
이팔청춘 보주태후 허 황후가
이루던 국제 혼례

이천년 지난 지금도
달 밝은 밤 홍살문 밀고나와
구지봉 오르내리며
수로왕과 사랑을 나눈다.

*인도처녀로의 마지막 요식행위

# 이불 속

이불속은 햇볕도 오지 않고
촛불도 켜지 않는 곳

포삭포삭한 솜이불은 밤이 길고
모시 삼배이불은 낮이 길지만
사랑싸움으로 솜이불이 항상 바쁘다

주말 아닌 낮엔 한가하다가도
밤이면 전신운동으로 부산해지고
아침과 저녁에는 임무가 교차하는 곳

이불속은 너무나도 넓어서
둥근 연어가 찾아 오며는
깊은 숲속을 헤엄쳐 다니는데

사계절 시도 때도 없는 이불속은
언제나 넓은 태평양이 되어버리고
날마다 아마존의 욱어진 숲이 된다.

# 꿈에

오늘밤
그 시간에
행여나
우리 님
오시거든

붙잡아 놓고서
꿈이라 하지 말고
나를
꼭
깨워주소.

# 그 사람

그 사람이 온다했다
만덕터널 뚫고서 온다했다
설레던 가슴인데
지금은 입술까지 반가워 해 댄다

생각하면 그리워지고
보고 있으면 기분 좋은 사람
그러다 돌아서면 보내놓고
안타까워서 혼자 후해하며
가슴 쓰린 그런 사람이다

그런데 그 사람이 참말로
내일이면 나에게로 온다했다
환한 웃음 가슴에 듬뿍 안고서
눈망울 내게 터트리려고 온다했다

어쩌다 자기를 만난 것이
행복인지 안타까움인지 알 수 없지만
이런 설렘을 주고 있는 것을

언제부터 자기는 알고 있었느냐고
작은 소리로 한 번 물어볼 것이다.

그 사람이 내일 온다면
자기도 알고 있다 말 한다면
나는 꼭 한 번 욕심을 내서 졸라 볼 거다
천 년을 우리 같이 가보자고.

# 제 4 부

# 밤 산

# 왜 그런지

당신을
보고 있으면
왜 그런지요

그냥
눈도
입도
왜 그런지요

손도
발도
마음까지도 움직일 줄 모릅니다.

모두가
다
당신 때문입니다.

# 변산반도

바다와 들판사이에 낀 변산반도
열차처럼 누워서
옆구리를 열고 닫는 KTX같다

오른쪽이 스르르 열리면
내 변산 들판이 훤하게 달려오고
왼쪽이 덜커덩 벌어지면
외 변산 바다가 출렁거린다

한쪽에서는 파도가 밀려와
어미젖을 빠는 강아지들처럼
구물구물 몰려 들어오고
강 건너에서는 곡식들이
쑥쑥 쑥쑥 잘도 자라난다

해안절벽 바위는 잘게 썬 무채이고
다시 보면 켜켜이 겹쳐있는 시루떡이며
어찌 보면 수 만권의 책들이 가지런하다

처 올리는 파도는
날마다 한손으로 시루떡을 먹으랴
다른 손엔 역사책을 읽으랴
우르르 몰려왔다 스르르 물러가지만

항상 쪽빛으로 물든 바다와
석양에 붉은 노을을 바라보면은
천하제일 산수화는 변산반도다.

# 동백은

동백은 알고 있다
지나간 그날 이 자리에서
주고받은 서러운 이별

붉게 그려놓은 입술 못 잊어서
날마다 그리워하는 동박새는
오늘도 설한에 입술만 기다리는데

동백은 그래서 외롭다

오늘도 올 줄 모르는 그리움을
애타게 기다리고 있는 것은
돌아선 그 모습 못 잊음이 것만

빨갛게 익은 입술이 하루하루
검게 타 들어가다 목이 잘려도
기다리는 동박은 오지 않는다.

# 수로 낚시터

여름으로 가는 유월의 날씨가
낚시꾼들에게 부담을 준다

농번기의 자연지는 배수가 이뤄져서
붕어들의 입질이 예민해 지는 곳

꾼들에게 고민거리는 농사일에 여념이 없는
농촌에서 그들의 곱지 않은 시선들이다

낚시를 즐기려면 언제나 농부의 눈치를 돌려서
수로에 잡은 우거진 그늘로 안식처를 옮기는 것

이시기의 자연지는 바닥에 말 풀이나 마름이
융단으로 해방을 놓지만 수로는 어서 오라한다

수양버들로 병풍을 두른 요새에서
낚는 붕어를 보면 꾼들의 상큼한 손맛이다.

## 까치밥

홍시 밭에 오늘
귀한 손님 오셨는데

사방에 널려있는 홍시들이
왜 저리 사시나무가 되는 건지

암수 까치들이 신이 나서
이 가지를 보고 저 가지를 보다가
맛있고 큰 녀석을 골라내서

후벼보고 헤베 파서
이것이 내 것이 라고
골라내다 보니 그러나 보다

그러다 주인 없는 홍시 밭에서
배불러오는 줄도 모르고
누가누가 많이 먹나 내기하는
까치들의 세상이네.

# 지는 해처럼

자신의 소명
다 이루고

아름답게 물러나는
노을 진 DJ의 저녁 해.

# 병실

발들을 마주보며
밤을 샌 침대들이
서로 반기는 아침

세상을 걸어가는 길에
힘이 부쳐 잠깐 들렀다
되돌아 나가는 병원

거리를 밝히는 가로등이
졸고 있는 새벽에도
문은 항상 삐거덕 거린다

인력거 타고 오고
구들 짝 짊어지고 들리는걸 보면
한세월 지낼 작정인가 보다

그래도 병실의 인심은 명절 같아서
오가는 사람들 보내고
맞아들이는 정은 항상
넉넉한 서운함이다

어쩌다가 길가다가
가슴에 숨이 찬 사람들이.

# 우도

제주도의 우도는
제주속의 섬이다
제주박의 섬이다

소라 귀처럼 우도가 있고
왼쪽엔 추자도가 있어서
일출봉에 해 뜨면
추자도로 미끄러져간다.

물소가 머리 내밀어 올리는 우도는
풀밭에 엎드린 모습이어서
태평양 들어 삼키는 쇠머리가 되고
한반도 끌고 나갈 쇠꼬리다

섬은 돌담을 넘어서면
푸른 바다가 들이 되어서
구만리 온 천지가 누가 봐도
우도의 세상이 된다

수평선으로 쌓인 섬은 느긋해서
파도가 잔잔한 너울로 걸어오면
끼룩끼룩 갈매기와 함께
놀고 있는 제주의 우도.

# 향일암 풍광

절벽에 걸린 바위가
파도보고 놀래고
파도는 절벽에 걸린
암 봉 보고 펄쩍 뛰는 곳

흠뻑 젖은 밤 풍광이 하도 좋아
늦잠으로 부끄러워서
해무에게 사정을 하는 향일암 산사

야리한 눈물을
바위들은 밤새 흘러내리고
회나무들이 내미는 엉덩이는
이슬에 젖어도 오손도손
꿈같은 밤이었네

널 부러진 동백들이 아쉬운 듯
푸른 이파리마다 밤새 불을 밝혀
하루를 더 쉬라고 하는 향일암 아침.

# 치킨 집

전화 한통이면
쏜살같이 달려오는 치킨
번개처럼 조리하나 하여도
여러 번 몸단장을 시킨다

훈련소에서 배송 온 하얀 알몸을
파우더로 화장을 시키고
튀김옷을 예쁘게 입혀서
찜질방에 대기시키다가

산뜻한 치장으로 외출을 기다리면
오토바이가 붕붕 신나게 달리니
목 늘어진 동네 아이들이 줄줄이 반긴다

온 종일 배송을 하다가
저녁에 축 늘어진 치킨집 주인
동네 사람들 위한 봉사라고
돈방석 만지며 환하게 웃는다.

# 눈 쌓인 날

서울 가는 창밖에 눈이 쌓여도
기차는 추풍령을 넘고 있다

차창에 앉은 아가씨는
창밖은 아랑곳 하지 않고
얼굴에 화장만 하고 있는걸 보니
오늘밤에 좋은 일 치루나 보다

밖이 궁금하여 힐끔 처다 보면
햇빛가리개를 열어 선심을 쓰지만
와! 하얀 눈이 저리도 쌓였구나
감탄을 해도 그 여인은 말이 없다

KTX에서 방송이 나온다
여기가 바로 대전이란다
잠시 쉬었다 다시 일러준다
다음은 아산 천안역이라고

여인이 움직이기 시작한다
옆자리도 따라서 마음이 부산하다
서울까지 가는 줄 알았는데
다음 역에서 내릴 모양이다

그제야 집이 어디냐고 물으니
가게가 있는 부산 대연동이란다
진즉 물었더라면 정씨라는 것도
그리고 이름도 알았을 것을.

# 까치꽃

보일 듯
보일 듯
작게작게 피어나는
봄 까치꽃

하도 작아
들여다보면
빙그레 웃는다

흰 줄 목에 걸고
피는 사랑스러움이

봄 보다 항상
먼저 온다.

# 초리도

지난밤 진해 앞
남해바다 무인도에
친구들과 밤 이슥하도록
질펀한 술자리 이어졌다

진해가 늦잠 부끄러운 듯
구름으로 해를 가리고
해무로 바다를 둘러친다

아침은 깨우지 않았는데
하루 일상을 그려내는 무인도
칠월의 마지막 휴일을 맞는다

섬을 동서로 가르는 언덕에
산토끼들 암수 찾아 들락거리고
중허리에 피는 산유화는
가을고추잠자리 부러워한다.

하룻밤 유인도 만들다 가지만
유래를 물어 볼 수 없는
진해만의 초리도.

# 이름값

사람들은 너나없이
이름을 가지고
세상을 살아간다

지혜
만복이
천수
모두가 아름답다

지난날을 생각하면
아이를 많이 잃은 시절
자식에 대한 애정이
닮긴 넓은 지혜다

사람들은 평생을
이름으로 살아가는 것은
강인한 도전정신이다

자기이름을 가지고
저만이 지혜로 살기위해
고생도 불사하는 것은
우리들의 이름 값.

# 밤 산

밤에는 백양산이
그냥 자지 않고
나를 기다리고 있었구나

어둠속에서도 저산은
하룻밤도 쉬지 않고
나를 지키고 있었구나

그러고 보니 저산도
아내처럼 내가오는 것을
항상 기다리고 있었구나

고맙다 백양산아
그런 줄 모르는 나는
봄이면 꽃이 만발하고 가을이면
단풍피우는 줄만 알았다.

# 백양산

백양산 마루위에
눈썹달 걸쳐있다

그리운 당신께서
저 달을 보고 계신지요

초저녁 산들바람이
가슴 설레는데

오늘밤 눈썹달아
너 있는 그 자리에

내일 밤도
그렇게 웃어주면

그 이가 보시고서
속마음 전할 거다.

## 제 5 부

# 그럴 줄 알았다

# 당신생각

언제나
어디서나 보아도
고운 당신입니다

시도 때도 없이
발끝에서 얼굴까지
아니 가슴속 까지도

마음먹은 만큼 소중해서
바라보고 들여다보고
그리합니다

맨 날
천 날
그렇게 그리워하는
당신입니다.

# 사철의 백발

천 산을 만 홍으로
치장하는 봄날이지만
그래도 세상이 쓸쓸해지는 것은
이미 와버린 백발 때문이리라

여름이면 울창한 숲속에서
암수가 놀아나는 꾀꼬리들 세상이고
가을은 밤마다 나뭇잎 불러내어
그림으로 치장을 해주고 있는데

겨울은 날마다 찾아와
칼바람과 어울려 놀자면서도
천지를 하얗게 덮는걸 보면은
달도 눈도 노년도 다 함께 희구나

봄은 갔다가 잊지 않고
해마다 다시 오건만은
노년의 청춘은 언제나 찾아오려는지

병풍에 그린 젊은 수탉이
꼬끼오 하고 울면 행여나
그때쯤 들리러 오려는지.

# 한려수도

하늘과 바다가 어우러진
해상의 낙원 한려수도

지는 해 물결위로 춤추는
석양에 넋을 잃는다

잘 꾸려진 한산도는
경건한 가슴 울렁여서
올 때마다 고개 숙이고

동백꽃 휘 늘어진 오동도는
발길 가벼워 설레는데
뺑 둘린 향일암 앞바다에
첨벙 던져보는 서늘한 가슴

남해 바다 한려수도는
신이 내린 영원한 선물.

# 흑백사진

흑백사진을 들여다보면
지난날 나의 계절의 봄이다

봄은 언제나 미숙해서 늘
성숙할 여지가 있어서
여리지만 보듬고 싶어진다

전 생애를 그려내려고 애쓰던 그때
아름다운 꽃을 피워내려고
얼마나 많은 열매를 터트렸던가

목이 길고 가슴이 야위어
팔이 가늘었던 지난 그 시절
지금은 건장한 장년이 되어서

지난 날 사진첩 들추어 보면
오래된 나를 내가 다시 또
젊음을 비추어 보는 흑백 반사경.

# 어느 송년회

십이월 이십칠일에 열린 송년회
와글와글 지글지글 난리를 치니
당신도 한번쯤 와보고 말하자

인원이 많아 칠백 명이 넘는데
어데서 데려다 이렇게 부어 놓았는지
보는 사람들이 신기할 정도다

음식을 벌려놓고 열리는 송년회
주고받는 술잔들로 압도를 하니
주체 측의 마이크가 용맹이 사라졌다

잘 먹으라는 소리인지
잠깐 조용히 하라는 것인지
들썩이는 소리가 묻히고 만다

이런 송년회가 있다는 걸
이제야 알고 나니 세상이 넓은 줄을
모르고 살던 것이 다행이었을까

봐라! 저 송년회의 풍광을
한국사람 들이 해낼 수 있는
세계 기네스북 감이리라.

# 사라지려는 벌

벌들은 육대주에 널려 있는데
서양 벌은 그곳 사람을 닮아 크고 강해서
세상 무서운 줄 모르고 날뛰는데
동양 벌은 그 중에도 토종꿀벌이
자꾸만 친근감이 더 들어 간다

부지런한 꿀벌은 2개의 큰 겹눈과
3개의 홀 눈으로도 모자라선지
예민한 냄새를 감지하고 있는
특수 안테나를 2개나 가지고 있다

그렇게 무장했어도 벌이 자꾸만
개채수가 줄어든다고 한다
인구는 늘어나는데 벌은 어쩐지
지구상에서 25%나 사라졌다고 한다

왜 이런 현상이 일어나고 있을까
어쩌면 생태계의 잘못이 아닐까
아니면 벌들의 자기관리 부실일까

벌이 사라지면 지구의 미래는 어찌될까
인류는 4년을 버틸 수 없다는
어느 분의 무서운 경고가 있다

자연과 인간이 공존하는 날
풍요로운 삶을 벌과 함께
보장받을 수 있을 것이다.

# 오늘도 당신

당신을 보고 있으면
지난날을 자꾸만 그려 봅니다

그리하면 당신은 젊은 미모로
나는 그날의 용맹으로
우리는 그렇게 거울처럼
서로가 마주 볼 거예요

그러다 둘이는 다시
서로가 서로에게 푸욱
추억으로 젖어들 거예요

한참에서 또
그러다가 한참이 아닌
백년을 그러 하리다.

# 매실장아찌

오월이 지나가는 초여름
집집마다 치러지는 매실잔치
술 담그랴 장아찌 담그랴
여인들 손이 야단이 나고
설탕과 고추장이 부산을 떤다

가는 봄 선물이라고
알칼리성
탄수화물
당분과 유기산이
차곡차곡 쌓인 열매

남성은 힘 여인은 미용에 요술 같아서
새콤달콤한 맛 때문에
장아찌로 태어난 웰빙 식품

후더운 여름철 입맛이 후들거릴 때
건강식품으로 먹는 매실장아찌.

# 뒷모습

남성과 여성이 어울릴 때
두 사람이 사랑을 느끼게 되면
잘 보이게 하려고 무던히
여성들은 몸치장을 해댄다

혼자서는 남은 밑반찬에 고추장
양푼그릇에 비빔밥일지라도
남자 앞에서의 교양은 최대로
그래서 칼질은 얌전하기만하다

자신의 일상을 언제나
흠뻑 꾸밀 수는 있어도
뒷모습 까지는 볼 수 없는
안타까운 심정

보이지 않는 곳 까지
공을 들이는 것은
넓은 가슴 간직한
진정한 여인의 멋이다

뒷모습 가꾸는 정성으로
생의 전부를 치장하면
들키지 않아도 되는
진실 된 여인의 마음.

# 짝사랑

시간이 넘쳐서 좋아하던 사랑
그래도 젊을 때의 시간은 오고 가기에
그러는 줄만 알았던 지난날들

가진 것 없어도 근심 없다기에
그러는 줄 알고 지냈는데도
민생고는 해결해야 하는 것
슬금슬금 얇아지는 뒷주머니

이별 없는 사랑이라고 그냥들 하지만
그 사람 없어도 별일 아닌 줄 알았는데
텅텅 울리는 빈 가슴은 어쩔 수 없는 일

영원하리라던 그 짝사랑도
남기고 떠나는 자의 몫이 아니라
보내고 남는 자의 가슴이 터져 내려서
환장하는 줄을 이제야 알았다.

# 어느 장례식장

하늘이 울고 지축이 흔들리는
이 통곡소리를 어쩌란 말이냐

팔십 고개를 넘어서 가는 길이어도
저승길은 외롭고 슬픔은 하늘에 닿아
가는 걸음걸음 다시 뒤 돌아 본다

잘난 큰 자식 항상 믿더라도
똑똑한 둘째 녀석 걱정거리 없다 해도
막내 녀석 그 성질 버리라 하겠지

울고 울어 눈덩이가 부어올라도
가는 부모 잡지 못하는 안타까움은
미약하기는 미물이나 뒤진 배 없다

하얀 백로들 틈바구니 속에서
검은 까마귀들이 더욱 빛을 내는 것은
지난 팔십 평생의 인연들 때문이리라.

# 강변문학시낭송회

강변문학 시낭송회가
석 달에 한 번씩 열리는데
강변을 따라 찾아다닌다

아직은 어려서 힘이 모자라
박차고 처 오르지 못하고
낙동강 변에서 빙빙 돈다

온 고을에 강변문학이 소문나지 않아
해양문학에게 밀리는 것 같고
바다문학에도 그러는 것 같다

하지만 그런 것은 아니고
전국의 강변문학 해양문학 바다문학의
온 회원들이 모여 올 수 있는 곳

삼식이도 찾아오고
오순이도 들여다보는
온 천지의 낭송회이다

전국으로 퍼져갈 수 있도록
회원들이 하나같이 힘을 뭉쳐
튼실하게 받쳐갈 강변문학낭송회이여.

# 길

목적지를 걸어가는 길
직선도로보다 오히려
중간과정을 거치려고
곡선을 그리며 간다

손때가 덜미친 자연 따라
돌아가는 여유로움은
거닐어보는 그 길에서
못 보던 생물들도 눈길이 끌린다

영적인 휴식으로 항상
자연의 체험을 얻는 곳
그래서 강물도 길목 구비구비에
영양을 듬뿍 남기고 떠나듯이

인적 뜸한 시골에서
시냇물소리 가슴에 퍼 담으며
터벅터벅 걸어가는 우리의 길.

# 그럴 줄 알았다

살 바엔 짧고 굵게 사랑은 불같이 뜨겁게
선배들은 항상 그렇게 하라고 시킨다

훨훨 타는 모닥불 사랑도 있고
젖어오는 가랑비 같은 사랑도 있는데
참사랑이란 아마도 가슴 젖는 것이리라

그런 사랑을 위해
살금살금 찾아가던 그 사랑이
어쩌다가 구덩이에 빠져버린
안타까운 사랑이 있다

태우려도 태우지 못하고
적셔도 적셔내지 못하는
안타까운 사랑을 찾으려다가

지금은 가버린 세월이 너무도 길어져
이제는 모든 걸 놓쳐버리고 나니
용맹 때문에 그럴 줄 알았나.

# 준치를 보면서

맛이 얼마나 좋아선지
너는 썩어서도 준치냐

그것도 모자라서
너에게 붙여준 진어眞魚라는 이름
그러기에 너 아니면 다
가짜인 잡어란 말이냐

그렇다고 다시 이름을 고쳐서
철이 지나면 없어졌다가 해가
바뀌면 나타나는 시어鰣魚가 됐구나

네가 얼마나 감미로운지는
너를 수술대위에 올려 놔 봐야 하는데
벌써부터 입속에 군침이 돈다

물에서는 사대 미어美魚*가 산다는데
옛사람들이 '물속에 서시*' 라 한걸 보면
아마도 너를 두고 한 말이구나

초여름 보리타작 할 때 맛있어도 잘못 먹으면
큰일이라서 시어다골(鰣魚多骨)이라했는데
살근살근 입에 돌려 천천히 넘기는 맛은
천하제일 회중의 회 준치로구나.

*4대미어-잉어 방어 농어 준치.
*4대미인-서시 초선 양귀비 왕소군

# 여인은

사랑의 경험이 쌓여질수록
정은 더 깊어지고
꿈은 더 쏟아지는 것

초롱초롱한 눈망울도
터질 것 같은 붉은 입술도
천번 만번 내게로 옮겨와
놀다 갈 동안
나는 보살처럼
마음을 열어 놓는다

봐라

몇 십 년을 함께 더
어울려 놀 수 있는 당신 앞에
듬직한 한 사내가 있음을.

"시란 춤추는 글이다."

시는 상상력으로 쓰고 진정성을 첨가해야 한다.

# 남기고 싶은 말

서주열 4시집

**인쇄일_** 2013년 6월 25일
**발행일_** 2013년 6월 30일

**지은이_** 서주열
**펴낸이_** 최경식
**펴낸곳_** 도서출판 청옥문학사
**디자인_** 문화마을

**등록번호_** 제10-11-05호
**주　소_** 부산시 금정구 명서로 94, 101-411
**H　P_** 070-8828-0068, 051-517-6068

ISBN 978-89-97805-08-2
**값_** 10,000원